RSONALES

PARA

PRINCIPIANTES Y A PRUEBA DE TONTOS

ADMINISTRANDO TU DINERO

POR: GIOVANNI RIGTERS

Derechos de autor © 2019

Índice

Descargo de responsabilidad importante

Por favor, tenga en cuenta que la información contenida en este documento es sólo para fines educativos y de entretenimiento. Se ha hecho todo lo posible por presentar una información precisa, actualizada y fiable y completa. No se declaran ni se implican garantías de ningún tipo. Los lectores reconocen que el autor no se compromete a prestar asesoramiento legal, financiero, médico o profesional. El contenido de este libro se ha obtenido de varias fuentes. Por favor, consulte a un profesional autorizado antes de intentar cualquier técnica descrita en este libro.

Al leer este documento, el lector está de acuerdo en que en ninguna circunstancia el autor es responsable de las pérdidas, directas o indirectas, en las que se incurra como resultado del uso de la información contenida en este documento, incluyendo, pero sin limitarse a ello, errores, omisiones o inexactitudes.

Introducción

Puedes perder rápidamente todos tus ingresos si no eres capaz de crear un plan concreto para guiarte en los gastos.

Cada uno de nosotros ha llegado a un punto en el que nuestros ingresos no coinciden con nuestros gastos. Para hacer frente a tus gastos, puedes tomar un trabajo adicional para ganar más dinero. Si todavía estás en esta situación, ¿te has sentado a revisar tus hábitos?

Puedes buscar continuamente maneras de aumentar tus ingresos con éxito. Pero si sigues aumentando tu estilo de vida junto con él, entonces te encontrarás en la misma posición. Es un error tratar de lograr un resultado diferente con las mismas acciones.

La gestión de las finanzas personales es la clave para crear el avance que necesitas en tus finanzas. Cubre todas las áreas, incluyendo tus gastos, ingresos, inversiones y ahorros, para asegurarte una vida mejor. Adoptar las estrategias de la administración personal del dinero es crucial para deshacerte de tus malos hábitos de gasto, identificar y controlar tus gastos, crear un presupuesto y cumplirlo, y mucho más.

En este libro, aprenderá acerca de la administración personal del dinero y otros cambios en el estilo de vida que pueden ser beneficiosos para el proceso. El estilo de vida minimalista es uno de estos cambios de estilo de vida. Ser un minimalista es una excelente manera de gastar menos mientras se vive una vida cómoda.

A medida que progreses, encontrarás consejos sobre cómo ahorrar más dinero y reducir tus gastos realizando algunas acciones que son muy sencillas de implementar.

Capítulo 1: Introducción a las finanzas personales

Las finanzas personales requieren identificar tus gastos, lo cual es esencial si quiere hacerse cargo de tus finanzas. Es una forma sencilla de evitar la sensación de trabajar tan duro sin ningún activo tangible que mostrar por tu trabajo. Cuando quieras entender mejor tus hábitos de manejo de dinero, esta es la primera acción que debes tomar. A través del proceso, puedes identificar varios asuntos relacionados con la forma en que gastas el dinero y hacer un esfuerzo consciente para cambiarlos.

Hábitos de gasto que debe cambiar
Algunos hábitos de gasto no son adecuados para ti, y necesitas cambiarlos lo más rápido posible. Para hacer estos cambios, primero debes identificar los patrones. Si no estás seguro de qué prácticas son malas para ti, aquí tienes algunas que debes cambiar:

1. Gasto de impulso

Si quieres ahorrar dinero, evita comprar por impulso porque te costará dinero en el futuro. El problema con el gasto por impulso es la incapacidad de rastrear tus gastos debido a la posibilidad de mezclar estas compras con tus necesidades.

Hay diferentes razones por las que esto puede suceder. Si vas a comprar artículos esenciales y encuentras una buena oferta, es común que estas ofertas llamen tu atención. Considera la cantidad que ahorrarás y decida comprar este artículo. Como no lo incluiste en tu presupuesto, se convierte en un gasto impulsivo sin importar el dinero que te ahorre.

2. Juegos de azar

Esta es una de las pocas actividades que normalmente no valen todo el dinero que se gasta. Las apuestas pueden convertirse rápidamente en un hábito o una adicción en tu vida. Esta adicción no añade nada positivo, ya que normalmente conduce a una pérdida excesiva de dinero. No importa si es algo tan familiar como comprar billetes de lotería.

El juego ocasional, cuando estás de vacaciones en lugares como Las Vegas, normalmente no cuenta. Se convierte en un problema si te resulta difícil evitar las actividades de juego como el póquer. El peor de los casos es si estás en una racha perdedora a pesar de esta adicción. Te pones en riesgo de perder tu trabajo, tu casa y tu familia si no te replanteas tus acciones.

3. Falta el pago de la tarjeta de crédito

Las tarjetas de crédito ponen a prueba tus finanzas, dependiendo de cómo las uses. Estas tarjetas estaban destinadas a promover una buena vida para los individuos, pero se están convirtiendo en un motivo de preocupación. Tus problemas con la tarjeta de crédito se harán evidentes tan pronto como deje de pagar.

Una forma sencilla de entender rápidamente el efecto de una tarjeta de crédito en tus finanzas es revisar tus estados de cuenta mensuales. A través de esta revisión, encontrará información sobre la cantidad mínima que debe pagar si desea liquidar tu deuda en un año determinado, tus pagos de intereses para un mes específico y la duración del pago cuando centras en los pagos mínimos.

Revisar cuidadosamente la declaración muestra que la opción de pago mínimo no ofrece la posibilidad de progresar significativamente. Estarás pagando los intereses durante muchos años.

4. Desarrollando nuevos hábitos
A medida que tomas medidas para cambiar tus malos hábitos de gasto, necesitas crear nuevos hábitos que mejoren tus gastos. Esta sección presentará algunas prácticas que puede adoptar para gastar el dinero de la manera correcta.

5. ¿Investigación antes de gastar?
Para cualquiera que quiera asegurarse de que está gastando tu dinero en las cosas correctas, investigar antes de una compra es crucial. La investigación sobre el producto expondrá tus características y defectos. También se identifican las áreas donde el producto no cumple con tus requisitos.

A través de la investigación, puedes conocer algunas de las ventajas que recibes del fabricante cuando compras el producto. La comparación de precios en línea es otro beneficio de la investigación que puede reducir el costo de la compra.

6. Evitar comer fuera
Estos restaurantes tienen un negocio. Necesitan pagar a su personal y comprar inventario, así que inflan el precio de las comidas para poder obtener un beneficio.

Aunque es más barato cocinar en casa, piensa en la conveniencia y puede decir que vale la pena. Sin embargo, no vale la pena el costo.

No sólo ahorras dinero, sino que también comes más sano cuando cocinas en casa.

7. Negociación de facturas

Los mercados están saturados de muchas empresas que compiten para que te conviertas en un cliente leal. Puedes usar esta competencia en tu beneficio y aprovecharla como una herramienta para negociar una reducción de gastos.

Esto es especialmente útil si estás considerando convertirse en un nuevo cliente. El enfoque que tome para una negociación exitosa será diferente de una compañía a otra. Es esencial entender qué es lo que funciona para la empresa con la que estás tratando actualmente.

Has tu investigación, conoce tu puntaje crediticio y ten una idea clara de tu posición financiera para que pueda proporcionar los hechos que les dificulten rechazar tu solicitud. Compara el precio actual que estás pagando con lo que está disponible en otras plataformas para determinar la más cara de estas opciones.

8. Controla el uso de tus servicios públicos

Tus facturas de servicios públicos variarán de un mes a otro, y tu pago puede ser más alto si no aprende los métodos de utilización adecuados. Hay hábitos simples que debes cambiar si quieres minimizar tus gastos de servicios públicos.

Apagar los aparatos electrónicos, apagar las luces, abrir las ventanas, secar la ropa al sol y desenchufar los aparatos puede ayudar a la conservación de los

servicios. Además de ahorrarte dinero, estos hábitos también ayudan en los esfuerzos de protección del medio ambiente.
Aprenderás más sobre estos pasos en un capítulo posterior.

9. Comparar los precios de las principales compras

Cuando compres artículos grandes, trata de asegurarse de que está pagando el precio más bajo por el mismo valor. Diferentes tiendas ofrecerán el mismo producto en cantidades variables, dependiendo de cuánto estén agregando como ganancia. Como negocio, nadie quiere tener pérdidas.

Puedes ahorrar dinero y tomar una decisión más informada cuando te tomas el tiempo de comparar múltiples precios. El dinero adicional que ahorre cuando compre un artículo por menos debe ir destinado a aumentar tus ahorros y no debe ser usado para gastos discrecionales.

Algunos individuos crean una hoja de cálculo en la que pueden incluir el precio del artículo de diferentes tiendas para facilitar la comparación y leer los comentarios de otros clientes.

Todos tenemos hábitos de gasto que adoptamos porque creemos que pueden mejorar nuestras finanzas. Es crucial aprender más sobre un hábito de gasto antes de implementarlo en tu vida. Ciertas prácticas parecen buenas en la superficie, pero tienen un resultado negativo.

Capítulo 2: Presupuesto personal

El presupuesto es crucial para ayudarte a llevar un registro de tus gastos e ingresos. Primero, necesitas obtener un estado de cuenta de tus ingresos y pagos de tu institución financiera. Esta declaración te mostrará claramente una lista de tus gastos contra tus ingresos. Tu estilo de vida actual es similar a la naturaleza de tu estado bancario. Debe prestar mucha atención a las tendencias de tus gastos mientras compara los gastos con tu nivel de ingresos.

¿Tu lista de gastos coincide con tus ingresos? ¿Tu columna de gastos supera a la de ingresos? Debe examinar esta información para comprender tu nivel de responsabilidad fiscal. ¿Cuáles son tus principales fuentes de ingresos? ¿Son esas fuentes de ingresos regulares o constantes? ¿Cuáles son los períodos entre las entradas de ingresos? ¿Cuáles son los períodos entre los registros de gastos? Toda esta información te dará un estado actual de tu flujo de dinero.

Puede utilizar este estatus como base para hacer modificaciones positivas en tu presupuesto para tu futura seguridad financiera. Una vez que desarrolles el hábito de preparar presupuestos, siempre llevarás un registro de tus finanzas y tus movimientos de dinero hasta tu jubilación. Incluso cuando dejes de recibir tus ingresos regulares debido a la jubilación, tus habilidades para elaborar presupuestos lo llevarán a través de este período con fuentes de ingresos alternativas.

Durante la jubilación, el flujo de efectivo será ajustado, y habrás desarrollado la autodisciplina de limitar tus gastos a sólo lo necesario. La preparación de presupuestos y el respeto de estos es una habilidad que, cuando se aprende a tiempo, te mantendrá financieramente responsable e independiente hasta bien entrados los años dorados.

Guardar a menudo...
Al llevar un registro de tus ingresos y gastos durante la elaboración del presupuesto, tus ahorros o la falta de ellos serán bien visibles. Esta información es tan obvia que inmediatamente llama la atención antes de que tengas tiempo de escudriñar los demás detalles. La presupuestación financiera y la estimación de ahorros son ejercicios que normalmente van de la mano. Tus ahorros son el número que te queda después de eliminar todos los gastos necesarios.

En términos sencillos, es lo que ganas o te ganas, menos lo que gastas. Sin embargo, en la vida cotidiana, esta imagen sencilla no suele corresponderse con la realidad. Al igual que cualquier otra persona, en la vida real, estás obligado a enfrentarse a gastos imprevistos o compromisos financieros inesperados que son inevitables e impredecibles. Por lo tanto, tus ahorros variarán de vez en cuando. Debes maximizar tus ahorros a lo largo del tiempo para poder afrontar los retos inesperados de la vida. Una vez más, utilizando tu estado bancario, debes prestar atención a tus gastos recurrentes.

Pregúntese: "¿Son los gastos esenciales para tu supervivencia o bienestar?" Lo esencial son las necesidades de las que no puedes prescindir, como la comida, los pagos de la hipoteca, el transporte, el alquiler. Como su nombre lo indica, los gastos recurrentes son los que necesitas atender a intervalos regulares especificados. Estos intervalos pueden ser semanales, mensuales o anuales, y estos gastos son típicos de tus suscripciones. Ahora estudie los gastos no esenciales como pares de zapatos innecesarios, membresías de gimnasio y suscripciones de cable.

Estos gastos son ejemplos de lo que no necesitas para sobrevivir. Deshazte de esos gastos no esenciales, y una vez que te hayas acostumbrado a vivir sin ellos, sin duda aumentará tu margen de ahorro. Ahora, imagine hacer esta selección cada año y acumular tus ahorros a lo largo del tiempo hasta tu jubilación. Al final, habrá acumulado un nido financiero relativamente sano para sostenerse más cómodamente.

Salir de la deuda
Debes aprender a ser responsable fiscalmente y gastar con lo que puedas pagar. La mejor manera de evitar las deudas es practicando una gestión sana y responsable de tus finanzas. Este sistema se basa en hacer un plan financiero adecuado y cumplirlo, es decir, en poner en práctica el presupuesto. Cuando te desvías de tus límites presupuestarios, te expones a oportunidades de endeudamiento. Si no se gestiona adecuadamente, puede caer en una espiral de más deuda y terminar en una trampa de deuda o, peor aún, en la bancarrota.

Deberías aprender lo antes posible en tu vida financiera que la deuda es un pasivo desastroso de tener. Debes evitar las deudas a toda costa. Sin embargo, si no puede evitarlo de ninguna manera, entonces debe esforzarse por liquidar las deudas rápidamente en la primera oportunidad. Un pasivo es un préstamo, y el deudor lo tratará como una mercancía, que te prestará. Sin embargo, el rasgo único de esta llamada mercancía es que viene con una penalización. Cuando devuelvas el producto al prestamista, él esperará un costo extra para acompañarlo. Este costo adicional es lo que se define como "interés". Por lo tanto, debe entender que los préstamos atraen la inversión financiera, y este interés es lo que hace que los préstamos sean peligrosos.

Inevitablemente terminará pagando más de lo que inicialmente asumió como deuda. Mientras aún eres joven, tienes un empleo y una fuente de ingresos estable, normalmente existe la tentación de adoptar conductas financieras arriesgadas, como el juego. Estas tentaciones te atraen con promesas de ganancias de pequeñas cantidades de tu dinero. Al final, invariablemente pierdes tu dinero y empiezas a depender de las deudas para salir adelante. El juego es una actividad financiera especulativa basada en la probabilidad. La mayoría de las personas se endeudan por tus excesivos hábitos de juego.

Como un prudente gerente financiero personal, debe mantenerse alejado de las oportunidades de juego, sin importar lo tentadoras que puedan ser. Las tarjetas de crédito ejecutan tus gastos en deuda, así que necesita acostumbrarse a pagar con tarjetas de débito o en efectivo por esta razón específica. De esta manera, no te arriesgarás a gastar lo que no tienes. Recuerda siempre que cuanto más grande sea la deuda que acumules, más difícil te resultará pagarla. Como dice el dicho, la deuda engendra más deuda.

Para saldar tu deuda, necesitará una segunda deuda, y para resolver esa segunda, necesitará una responsabilidad adicional y así sucesivamente. En todos estos casos, el monto de los intereses se multiplica y, al final, puede terminar pagando más en intereses acumulados que la deuda original real.

A medida que envejeces y te acercas a tu jubilación, empiezas a darte cuenta de cómo tus descuidados hábitos de gestión financiera y tus interminables deudas acaban por alcanzarte. Tenga en cuenta que después del empleo, no tendrá esa fuente constante de ingresos que una vez dio por sentado. Tus necesidades financieras seguirán presentes, pero tu fuente de apoyo financiero será inexistente.

Sin ahorros o inversiones no hay ahorros en los que apoyarse para la jubilación. El nivel de vida que solía disfrutar antes en las deudas de repente ya no está disponible. Las casas de retiro y los costos médicos se convierten en gastos que no puedes pagar. Es más probable que termines sin hogar en la vejez después de tu retiro. Para evitar arrepentirse de tu anterior estilo de vida de deudas, debes aprender a ser prudente con tu dinero.

Deberías invertir tus finanzas para un mejor futuro en la jubilación. Si no lo haces, cuando te jubiles, no te quedará nada para tus años de trabajo. Terminas sufriendo más en la jubilación que durante tu trabajo.

Revisa tus gastos cada mes

¿Te estás ateniendo a tu presupuesto? Si no es así, ¿a dónde vas por mal camino, y cómo puedes arreglarlo? Echa un vistazo a tus gastos cada mes y compáralos con tu hoja de presupuesto para ver cómo van las cosas.

El presupuesto puede ser un reto si no se ha convertido en un hábito. Necesitas tomar decisiones difíciles todos los días para implementar tu plan apropiadamente. Rechazarás las ofertas de tus amigos para salir a comer o comprar más de una botella de cerveza después del trabajo. El desafío más difícil de todos es resistirse a los viejos hábitos que pueden estar causando nuestros problemas financieros.

Al principio, necesitas encontrar formas de motivarte para hacer un presupuesto. Necesitas tener una excelente razón para ahorrar dinero. Debes pensar en tu razón para ser eficiente con tu dinero. Necesitas examinar tu situación y preguntarte por qué necesitas empezar a hacer un presupuesto.

Capítulo 3: Ingresos y gastos personales

Rastrea tus gastos

Vale, así que esto no suena exactamente como cubos de diversión. Lo sé. Pero piensa, hay una razón por la que todo negocio exitoso rastrea sus gastos. ¿No tienen la esperanza de controlarlos si no tienen ni idea de lo que son en primer lugar, verdad? Del mismo modo, traten sus finanzas, y estarán en camino de que sus finanzas funcionen como un negocio bien dirigido y rentable. El conocimiento es poder, amigo mío. ¡Armarse con tanto conocimiento como sea posible sobre a dónde va el dinero!

Rastrea tus ingresos

Bueno, este es ciertamente más divertido que el primer paso, ¡e igualmente importante! El seguimiento de tus ingresos te dará un nivel de base máximo para tus gastos. Conocer este número te ayudará a no tener deudas y a tener un futuro lo menos preocupante posible en lo que a tus finanzas se refiere.

Tener un fondo de emergencia

Ahora sé que en este momento, estás viviendo sueldo a sueldo, y averiguar cómo ahorrar un fondo de emergencia parece imposible. Pero te estaría decepcionando si al menos no te meto la idea en la cabeza, porque una vez que implementes las estrategias que aprenderás en este libro y dejes de vivir de sueldo en sueldo, tendrás el respiro que necesitas para averiguar cómo acumular un fondo de emergencia. ¿Suena bien?

Como sabes, no hay una forma más rápida de ajustar el presupuesto que tener una costosa cosecha de emergencia que te pone en una enorme pila de deudas no deseadas. Imagina la tranquilidad que tendrías si tuvieras un fondo de emergencia que hubieras ahorrado de antemano.

¿Cuánto menos estrés tendrías en tu vida si supieras sin duda alguna que si pierdes tu trabajo, puedes sobrevivir (y prosperar) bien durante seis meses o más, aprovechando tus ahorros?

Los expertos suelen recomendar que se establezca un fondo de emergencia que pueda sostener todas tus necesidades financieras durante un mínimo de seis meses. Y recuerden, si esto parece imposible, por favor no se preocupen. Está bien si no tienes esta cantidad de dinero ahora mismo. Sólo ten en cuenta que el hecho de no tener el dinero ahora no significa que no tendrás el dinero más adelante.

Por lo tanto;
Ahora sabes algunas de las cosas más poderosas que puedes hacer para tomar el control de tu dinero. Todas esas cosas se contabilizarán a medida que vayas haciendo tu presupuesto. Pero primero, sería una buena idea armarte con un refuerzo de motivación.

Capítulo 4: Deuda del estilo de vida personal

Lidiar con la deuda de la tarjeta de crédito

Con las estrategias anteriores para pagar tu deuda, puede implementar lo siguiente para ayudar con tus deudas de tarjetas de crédito. Estas son estrategias efectivas y fáciles de aplicar. Incluyen las siguientes:

Tarjetas de transferencia de saldos

La tasa de interés es una cosa que proviene del uso de tarjetas de crédito. Con algunas tasas de interés que llegan hasta el 17%, el interés que pagas al final del período de pago será sustancial.

Durante un tiempo, una tarjeta de transferencia de saldo ofrece a los individuos un 0% de APR. Por ejemplo, en un plazo de 15 meses, no habrá intereses sobre tu deuda durante este período. Esto proporciona una oportunidad para que los individuos paguen tus deudas con facilidad.

Dependiendo de tu compromiso con el pago de la deuda, puedes liquidar tu deuda durante el período introductorio. Aquellos que todavía tienen un saldo después de este período tendrán que pagar intereses. Entonces, ¿cómo se aprovecha el método de transferencia de saldos?

Si tienes una tarjeta de crédito de alto interés, entonces necesitas buscar una tarjeta de transferencia de saldo. Una vez que encuentres una tarjeta adecuada, entonces puede transferir tu saldo de tu antigua tarjeta a la nueva tarjeta si es aprobado. El proceso es muy sencillo.

A pesar de la facilidad de uso, debe tener en cuenta que pagará una tasa de transferencia. El valor del pago puede ser un porcentaje del importe de la transferencia o una cifra fija, dependiendo de cuál sea mayor. Debes leer las reglas de la tarjeta de transferencia de saldos, ya que habrá información sobre cómo se aplica el período introductorio y cualquier posible aumento de la tasa de interés.

Usando un préstamo personal

Otro método estándar que muchas personas adoptan para pagar las deudas de las tarjetas de crédito incluye el uso de un préstamo personal. Se puede usar esto para otras formas de deuda, pero hay una razón por la que esto no es aconsejable, y lo discutiremos más adelante. Hay razones por las que la gente todavía usa esta opción.

La consolidación de la deuda es una de las razones por las que la gente usa esta opción. Para facilitar el seguimiento de tus deudas, consolidan múltiples deudas de tarjetas de crédito en una sola deuda. Si pueden evitar agregar una deuda adicional, pueden concentrarse más fácilmente en el pago de esta deuda.

La reducción de la tasa de interés de tus deudas es otra razón importante para pedir un préstamo personal. Esto significa buscar un préstamo personal con un tipo de interés mucho más bajo que tus deudas de tarjetas de crédito. Si el préstamo personal no reduce la tasa de interés de tus deudas, no es tu mejor opción.

Ahora que tus deudas están combinadas en una sola, es posible reducir el pago mensual. Una rápida comparación mostrará que el total de los pagos mínimos de las deudas de múltiples tarjetas de crédito son más altos que la cantidad mínima de un solo préstamo personal. Cuando se utilizan los préstamos personales para la consolidación de deudas, hay ciertas cosas que hay que tener en cuenta tu tasa de interés podría aumentar más tarde, y también puede ampliar la duración de tu pago de la deuda. También debe evitar las estrategias de pago de deudas que puedan causar más daño.

Estrategias para evitar el pago de deudas
Cuando tu objetivo es aumentar tus ahorros, tiendes a buscar las formas más rápidas de deshacerte de tu deuda. Es esencial aceptar que el pago de la deuda puede tomar un poco de tiempo. Algunos de los métodos que encuentras no suelen ser los mejores en tu situación. A continuación se presentan algunas estrategias que debe evitar en la medida de lo posible:

Uso de los préstamos sobre el capital de la vivienda
Hay un gran problema si tienes que conseguir un préstamo sobre el valor de la casa para pagar tus deudas. Esto demuestra que no consideraste los riesgos o buscaste mejores opciones. Puedes perder mucho si tomas esta ruta.

El principal problema con el préstamo hipotecario es que la garantía, en este caso, es tu casa. Algunos individuos argumentarán que esperan una ganancia inesperada que ayudará a pagar el préstamo. ¿Y si esto no sucede? ¿Qué pasa si no hay opción de pagar el préstamo sobre el valor líquido de la vivienda? Corres el riesgo de perder tu casa en el proceso, lo que sólo agrava tus problemas.

Liquidación de la deuda
La liquidación de deudas implica la contratación de una empresa de liquidación de deudas para ayudarte a llegar a un acuerdo con tu acreedor para reducir tu deuda. Hay muchas razones por las que esto no es una buena idea. Recomiendo evitar esta opción a toda costa.

¿Cuál es la garantía de que tu acreedor aceptará los términos que la empresa de liquidación de deudas establece? No hay ninguna garantía, y, en la mayoría de los casos, terminas agravando a tu acreedor. ¿Hay alguna razón lógica para que acepten cobrar menos de lo que debes?

Otra cuestión es la deuda adicional en la que se incurre en el proceso. Algunas empresas de liquidación de deudas pueden convencerte de que detenga el pago de tu deuda durante el proceso. Esto significa que estás acumulando más deuda con la esperanza de que ellos tengan éxito en tus negociaciones.

Consejos que pueden ayudarte a liquidar tu deuda más rápido
Dependiendo de tu enfoque, puedes reducir la duración del pago de tu deuda. Esto es beneficioso si quieres evitar pagar mucho dinero como intereses de la deuda. Aquí hay algunos consejos sencillos para ayudar:

Cíñete a un presupuesto

Un presupuesto es crucial si quieres salir de la deuda rápidamente. Tienes que crear el presupuesto y atenerte a él si quieres tener éxito en tu objetivo. El presupuesto te ayuda a controlar tus gastos, minimizarlos y generar más dinero para pagar las deudas.

No te limites al pago mínimo
Es conveniente pagar diligentemente el mínimo de tus deudas cuando se trabaja para liquidarlas. Esta no es una opción si quieres liquidar la deuda rápidamente y evitar pagar demasiados intereses. Tu objetivo debe ser asignar tanto dinero como puedas para el pago de la deuda. Utilice las ganancias inesperadas y cualquier dinero adicional para pagar la deuda.

Cuando recibes un bono en el trabajo, la tentación de gastarlo en vacaciones o comprar algo elegante siempre estará ahí. No te rindas; concéntrate en lo que pretendes lograr.

Disfruta de los beneficios de las transferencias de balance
Como has aprendido antes, el uso de transferencias de saldos es una excelente manera de pagar tu deuda. Es esencial usarlo sabiamente. Empújese hasta el límite y convierta en una meta el liquidar tu deuda antes de que termine el período introductorio.

Evitar acumular más deuda de tarjetas de crédito
Si tienes una tarjeta de crédito, la tentación de gastar dinero que no tienes siempre será un problema. Mientras trabajas para pagar tu deuda, debes asegurarte de que estás tomando medidas

para evitar que aumenten las deudas. No dejes que las recompensas y la devolución de dinero que puedes ganar te engañen.

Cancelar los pagos automáticos de la tarjeta de crédito

Si no estás siguiendo tus gastos con precisión, entonces terminarás gastando dinero que no tienes. Las suscripciones a varios servicios pueden estar configuradas para renovarse automáticamente. Necesita eliminar tus datos de los sitios que pueden cargar automáticamente tu cuenta.

Vender posesiones para ganar dinero extra

En un capítulo posterior, aprenderás a declutar para ganar dinero. La venta de algunos de tus artículos no deseados puede hacerte ganar una cantidad sustancial de dinero para ayudar a pagar tu deuda. Puede que los fondos no alcancen tu pago mínimo, pero puede utilizarlos para cubrir los gastos esenciales para evitar que acumules nuevas deudas de tarjetas de crédito.

Haga cambios en tu estilo de vida

Los cambios en el estilo de vida incluyen malos hábitos de gasto que te impedirán progresar razonablemente para salir de las deudas. Cualquier cambio que haga debe reducir tus gastos sin impactar negativamente en tu comodidad.

Descontaminación

El estilo de vida del minimalismo requiere un espacio de vida que sea simple y libre de desorden. Es entonces cuando la desordenación se hace necesaria. Como es probable que vayas a cambiar del estilo de vida consumista al estilo de vida minimalista, inevitablemente habrá artículos que hayas acumulado a lo largo de los años.

La desclasificación es el proceso de deshacerse de estos artículos. Se centra en eliminar las cosas que no ofrecen valor en el hogar, mientras se conservan las que son útiles. Para conseguir que tu casa esté libre de desorden, puede tomar hasta medio año. No es un proceso que pueda apresurarse.

Cuando tienes tiempo para desclasificar, puedes ser intencional en tus acciones durante el proceso. Tómate el tiempo para decidir qué guardar y qué tirar. Puedes realizar el proceso de desclasificación en pasos. El primer paso es desechar rápidamente los artículos que está seguro de que no necesitará más. El siguiente paso implica hacer un esfuerzo consciente para observar las cosas que usas y las que no.

Debes deshacerte de esos artículos durante el tercer paso del proceso de desclasificación. Hay varios artículos en tu casa de los que puede deshacerse. También puedes vender estos artículos por dinero durante el proceso.

Capítulo 5: Inversión y comercio

Invertir

Una vez que empieces a invertir, puede que notes que una de tus acciones no está funcionando bien. Invertir puede ser muy emocionante y a la vez angustioso. No está pensada para el comercio diario a corto plazo, sino más bien diseñada para hacer crecer tu dinero para un futuro estilo de vida y gastos. La inversión puede utilizarse para financiar objetivos a largo plazo, como la educación universitaria, la jubilación, así como objetivos a corto plazo, como la compra de un coche o una casa.

Hay muchas maneras de perder dinero por malas inversiones o servicios costosos; por lo tanto, una gran parte de la gestión de las inversiones debe consistir en la gestión de riesgos y la gestión de honorarios/costes. La preservación del capital es fundamental; por lo general es mejor asumir menos riesgos aunque los rendimientos sean menores. En un mercado volátil, una inversión menos arriesgada puede aliviar el estrés que conlleva las pérdidas.

También hay muchas inversiones que tienen costosos honorarios asociados con la compra, venta y administración de estas. Nunca debería tener que pagar por la mayoría de los consejos, ya que hay muchos recursos gratuitos y de buena reputación en Internet, así como varias inversiones sustitutivas que pueden ahorrarte gastos de honorarios.

Empezando a invertir

Cuando se empieza a invertir, como en cualquier compromiso, es importante tener una razón para comprar o vender. ¿Compras porque alguien te lo dice, o crees que la inversión aumentará de valor? ¿Estás vendiendo porque cree que el retorno de la inversión está cerca del máximo, o ha encontrado una mejor oportunidad? Hay muchos escenarios diferentes para los que prepararse, pero es una buena idea tener un plan de entrada y salida para cada inversión.

Inflación

Para tener éxito en la inversión, el objetivo es vencer la inflación. La inflación es la mayor depreciación de los rendimientos de las inversiones, ya que disminuye el valor de tu poder adquisitivo a lo largo del tiempo y el número de bienes que puede comprar en el futuro. La inflación varía a medida que la economía fluctúa, pero la regla general es que la inflación suele estar alrededor del 3-5% anual. Por lo tanto, tus inversiones deben tratar de ganar más que la tasa de inflación del 3-5% por año.

Profesional Vs. Inversión individual

Muchos libros académicos -y la experiencia personal- han demostrado que los servicios y el asesoramiento profesionales de inversión rara vez superan el rendimiento de un fondo índice de base amplia. Los profesionales también tienden a cobrar más honorarios por tus servicios y elegirán productos que les hagan ganar más dinero en comisión que lo que te hagan a ti en ganancias. Un ejemplo sería un fondo mutuo recomendado profesionalmente con honorarios de gastos más altos que un ETF idéntico.

Los asesores financieros tienden a ser vendedores que te convencen de los fondos mutuos de tu compañía, administrados profesionalmente. El gestor de la cartera escoge y elige acciones que imitan una estrategia particular. Tus operaciones suelen responder a los cambios de los índices del mercado; por ejemplo, cuando una empresa crece lo suficiente como para entrar en el S&P 500, el gestor del fondo de inversión tendrá que imitar el cambio comprando esa acción en la proporción correcta. Tus honorarios ayudan a pagar el exorbitante salario del administrador de la cartera y otros gastos administrativos. La locura del mundo de las inversiones se describe en los siguientes puntos;

- El mercado es eficiente, y la inversión en un fondo índice de base amplia suele superar a los inversores profesionales a largo plazo.
- Los precios de las acciones, aunque no son aleatorios, se supone que se fijan en función de los fundamentos de la empresa y el potencial de ganancias futuras. Con demasiada frecuencia, están mal cotizadas y pueden causar tendencias perturbadoras o burbujas.
- Hay muchas veces en que el mercado de valores se ha elevado artificialmente por encima de sus valores fundamentales (como las punto com o las burbujas de la vivienda recientemente) sólo para volver a caer. Estas ineficiencias a corto plazo terminan por desplomarse, haciendo que el mercado vuelva a tener un valor más fundamental.
- Se recomienda invertir en acciones de valor a largo plazo. Se trata del largo

plazo, y en el corto plazo, la selección de acciones es simplemente aleatoria.

Por lo general, puede ser mejor invertir tu mismo, siempre y cuando estudie el mercado, se atenga a los fundamentos, invierta a largo plazo, diversifique las clases de activos, mantén separadas tus emociones y tu ego, y controles los costos. Antes de invertir por tu cuenta, consulte a un profesional de confianza (no de ventas) para ver si hacerlo solo es lo correcto para tu situación. La psicología juega un papel importante en el mundo de las inversiones, y no siempre es fácil seguir un plan, ya que la avaricia y el miedo tienden a interponerse. Intente atenerse a las reglas que se ha fijado para sí mismo y gestionar el riesgo tanto como sea posible.

Reequilibrio y diversificación
Reequilibrar significa cambiar la proporción de inversiones que posee en una clase de activos a un porcentaje determinado. Por ejemplo, si se invierte en cuatro fondos diferentes, con el tiempo, algunos fondos pueden constituir una porción mayor de la cartera, lo que vincula el rendimiento a ese fondo específico. Reequilibrar significa que puede hacer que los cuatro fondos equivalgan al 25% cada uno. Diversificar significa que tu puedes querer mover más dinero a un fondo de mayor rendimiento que otro, o que puedes querer una porción más grande de tu cartera en un fondo de bienes raíces y menos en un fondo de gran capitalización.

Cada seis meses o dos años, es una buena idea reequilibrar y diversificar tus inversiones para asegurarte de que está asignando adecuadamente tus activos. Al reequilibrar y re-diversificar, la cartera mantendrá niveles aceptables de riesgo y rendimiento y evitará la emisión de demasiados huevos en una sola cesta. Esto también se aplica a las clases de activos; por ejemplo, es posible que no quiera todas tus inversiones en acciones, sino algunas en bonos, bienes raíces, etc.

Impuestos

Los impuestos también pueden tener un factor significativo en tus declaraciones a lo largo del tiempo. Cuando una compañía de fondos de inversión vende acciones de tu fondo, puede que tengas que pagar impuestos al final del año, si es que hay otra vez. Con un ETF, sólo se te cobra cuando vende el ETF. Las leyes fiscales pueden tratar estos eventos como ganancias de capital o ingresos dependiendo del escenario, el período de retención y la inversión.

Además, las leyes tributarias tratan de manera diferente las inversiones a corto y largo plazo. Una inversión a corto plazo se considera una compra y venta en un plazo de 12 meses. A largo plazo es vender después de un plazo de 12 meses. Para la mayoría de las inversiones, el impuesto a corto plazo se trata a la tasa de tu nivel de ingresos mientras que el impuesto a largo plazo se trata a la tasa de ganancias de capital de 15 o 20%.

COMERCIO

Comerciar es diferente a invertir en que eres mucho más activo y comprometido con los mercados. Puede ser extremadamente frustrante o gratificante, pero tu ego sacará lo mejor de ti a menos que te atengas a unas reglas comerciales sólidas. Es fácil pensar que eres más inteligente que los mercados, y luego hacer un mal negocio y perder todo lo que has ganado recientemente. El conocimiento, la familiaridad, la experiencia y la prueba de fuego son esenciales para operar.

Es importante comerciar sólo con dinero extra y no con fondos que piense utilizar para la jubilación o la inversión. Las ganancias del comercio deben ser usadas para mejorar o acelerar la jubilación, la inversión y los objetivos de estilo de vida. Esto significa que el intercambio puede acelerar el ahorro para un coche, permitirte ir de vacaciones que has estado posponiendo, o incluso retirarte unos años antes!

Cuando empiece una cuenta de operaciones o de inversión, intente abrirla con un mínimo de 10.000 dólares. Puede abrir una cuenta de operaciones con menos, pero no es tan efectivo. Es posible que tengas que ahorrar durante mucho tiempo antes de poder abrir esta cuenta, pero cuando finalmente lo hagas, se extremadamente paciente con el uso de ese dinero. Empezar con esta cantidad puede ayudarte a conseguir un mejor tipo de cuenta de corretaje, permitirte mejores/más oportunidades de comercio, y permitirte tener suficiente dinero líquido en caso de que algo se queme a través de tus ahorros para emergencias.

Algunas personas pueden abrir una cuenta con 1.000 a 5.000 dólares, pero aunque están limitadas, esto les permite hacer algunas estrategias conservadoras y empezar a aprender.
Comienza con Investopedia.com para aprender sobre estos temas! Tienen grandes tutoriales que establecen una base para la inversión. Revise

constantemente Yahoo Finanzas para conocer las noticias, invertir y encontrar nuevas oportunidades. Puedes revisar cotizaciones como EWZ y obtener mucha información de su centro de educación y pestañas de inversión.

Acciones, bonos, futuros y divisas
El mercado primario es la propiedad privada o los compradores iniciales de una Oferta Pública Inicial (OPI), que lleva a una empresa de propiedad privada pública a donde cualquiera puede comprar la propiedad de la empresa. Cuando estos propietarios iniciales venden sus acciones de la empresa, ésta se vende en las bolsas de valores, también conocidas como mercado secundario. El mercado de valores es el lugar donde los inversores vienen a comerciar con acciones de casi todas las grandes empresas. Cuando la gente dice "mercado de valores", se refiere al mercado secundario.

Una acción es propiedad parcial de una empresa de propiedad pública. Ser propietario de las acciones de una compañía te permite participar en parte de las ganancias o pérdidas de la compañía y puede darte algunos derechos de voto en tus decisiones de negocios. La cantidad de acciones de una compañía, que la mayoría de los individuos poseen, normalmente no es suficiente para tener un gran impacto en el negocio, ya que los propietarios mayoritarios son considerados más del 5% de todas las acciones en circulación.

El amplio mercado bursátil está compuesto por miles de acciones e incluye bolsas de valores locales en varias regiones del mundo con las que pueden comerciar empresas grandes o pequeñas.

Las acciones pueden agruparse en sectores, regiones, tamaños, índices o cualquier otra cosa que se considere similar.

Los bonos se negocian de manera similar a las acciones, pero son un reclamo de la deuda de una empresa cuando se vence, en lugar de un reclamo sobre los beneficios de la empresa. También pagan un cupón a lo largo de la vida del bono, similar a un dividendo de acciones. El consejo común es tener un mayor porcentaje de fondos de bonos en tu cartera de jubilación, cuanto más cerca esté de la jubilación.

Los futuros son más complicados de entender que las acciones y los bonos, pero esencialmente, son un acuerdo entre el comprador y el vendedor para comprar una gran cantidad de un producto básico que el vendedor está produciendo. Imagine un agricultor de trigo vendiendo un contrato de futuros a un fabricante de cereales. Esto ayuda a fijar el precio del trigo del agricultor bajo el riesgo financiero del fabricante de cereales.

Otros inversores pueden especular sobre la dirección que tomarán los precios de los productos básicos. Los futuros están altamente apalancados, por lo que cualquier cambio en el precio puede afectar a tu inversión de manera significativa. Aunque se consideran más arriesgados, los futuros son inversiones que pueden ayudar a estabilizar y mejorar el rendimiento de una cartera.

En el comercio de divisas intervienen dos divisas de países diferentes y la relación entre ellas. Un país puede tener una economía más fuerte que otro, por lo que tu moneda puede ser más fuerte o débil que la otra. Las empresas comercian principalmente con divisas para estabilizar el precio de tus bienes e inversiones en cada país.

Fondos Mutuos Vs. ETFs

La idea común de inversión es usar los fondos de inversión para hacer crecer su dinero. Los fondos mutuos son una forma amplia de dar a un inversionista exposición a muchas acciones al mismo tiempo, lo que los hace grandes para fines de diversificación. La mayoría de las cuentas de fondos mutuos también pueden permitirte hacer un promedio del costo en dólares de tus inversiones, lo que significa que puede hacer contribuciones mensuales en lugar de tratar de cronometrar el mercado.

La mayoría de los fondos de inversión imitan al mercado pero cobran comisiones por este servicio, dándote un retorno neto de 1-2% menos que el mercado. Típicamente, estas comisiones son por administración, gastos y comisiones de venta; un fondo índice de base amplia similar o ETF sólo tendrá comisiones de gastos mínimos en comparación.

El sustituto común de los fondos mutuos es un fondo cotizado en bolsa (ETF). Un ETF es una cesta de acciones o inversiones similares que pueden ser negociadas de la misma manera que una acción. El precio de un fondo mutuo se actualiza y se negocia sólo una vez al día, mientras que un ETF puede negociarse en cualquier momento en que la bolsa de valores esté abierta.

Estos son algunos de los ETFs más comunes: el SPY (US S&P top 500 stock index), EWZ (Emerging Market fund - Brazil), VTWO (Russell 2000 Index), y ETFs de base mucho más amplia. Hay muchos otros fondos de las empresas más grandes de los países desarrollados, pequeñas empresas regionales y diferentes tipos de ETF de mercados emergentes como la India y China. Todos ellos están diseñados para que elijas los fondos que se adapten a tus necesidades y deseos de inversión.

Hay muchas empresas que suelen tener gastos bajos para sus ETF. Algunas compañías ofrecen comisiones gratuitas cuando negocian sus ETFs específicos. En lugar de promediar el costo en dólares de un fondo mutuo (a veces puede hacerlo con tan sólo 25 dólares al mes), a veces tiene sentido invertir en un ETF, menos a menudo simple, pero con más dinero, ya que las comisiones generales son menores. Aún así, se te cobra una pequeña comisión cada vez que compra o vende un ETF (similar a la comisión de las acciones), pero con un fondo de inversión colectiva, se te cobra una comisión de gastos anuales más alta y, a menudo, una comisión inicial.

Tenga cuidado de no invertir en demasiados tipos diferentes de fondos mutuos o ETF, ya que cada fondo puede tener participaciones similares. Esto disminuiría los beneficios de diversificación que se supone que proporcionan como inversión independiente.

De manera similar a los ETF gratuitos, puedes operar con corredores individuales que tienen acceso a los mismos ETF y pueden reequilibrar y operar automáticamente la cuenta por ti en función de tu tolerancia al riesgo y tu objetivo. Es una gran manera de hacer que la parte comercial de la inversión. La mejor parte es que puedes depositar o retirar cuando quieras y con cualquier cantidad para una cuenta normal. Estos servicios también son excelentes para las cuentas IRA y otras cuentas de retiro.

Estrategias generales de comercio
Comprar y mantener es la estrategia más común para invertir y jubilarse. La idea es mantener las acciones o el fondo hasta que se necesite acceder a los fondos. En esta estrategia, es importante no ver los precios subir y bajar diariamente ya que es un esfuerzo a largo plazo.

El mercado sube y baja cada día, semana, mes y año, por lo que algunos esperan a que haya tratos en el mercado antes de entrar en una posición. El razonamiento es que tiene sentido esperar hasta que el precio sea favorable para comprar (o vender), de modo que se tenga una mayor probabilidad de retorno positivo o extra. Sin embargo, no debes perder oportunidades por esperar demasiado tiempo.

El promedio del costo del dólar es un concepto por el cual no se observan activamente los precios para cronometrar el mercado en busca de los puntos de entrada y salida más favorables, sino que se invierten cantidades regulares de dinero a intervalos regulares. Esto te permite permanecer constantemente invertido sin frustrarse si se pierde alguna rentabilidad o punto de entrada. El objetivo es promediar tus puntos de compra a lo largo del tiempo. Puede agregar a esta estrategia invirtiendo dinero extra durante las caídas del mercado a corto plazo.

Podría tener sentido escalar dentro y fuera de las posiciones para potencialmente capturar beneficios a lo largo del camino. Esto te permite comprar la acción o el fondo ahora, para no perder el potencial alcista en caso de que no baje al precio que querías. Siempre y cuando te sientas cómodo/confiado en tu primer punto de compra, cualquier disminución te da un mejor punto de compra con esta mentalidad. Este mismo concepto debe ser usado en el lado positivo, para que captures algunas ganancias: vender alguna porción de las acciones después de haber logrado el retorno deseado. Se consciente de las consideraciones fiscales con esta estrategia.

El uso de órdenes de límite es una de las mejores formas de entrar y salir de las posiciones. Una orden de límite le dices a tu corredor de bolsa que compre la acción o el fondo al precio que tu especifiques en lugar de comprarlo al precio actual del mercado. Esto puede permitirte aprovechar los movimientos intradía de tu acción o fondo. Puede dejar esas órdenes hasta que se llenen, o puede cancelar la orden después de un período de tiempo. Con el mercado subiendo y bajando de la manera que lo ha hecho, tu orden limitada se llenará muy probablemente al precio que tu quieras pronto; se paciente con las órdenes limitadas.

Una buena regla general es negociar 100 acciones a la vez. A esto se le llama mucho comercio, así que cinco lotes equivaldrían a 500 acciones. Si sólo empiezas con una cuenta pequeña, puede que no puedas comprar 100 acciones de una acción a la vez. Un lote te permite opciones adicionales como una venta más fácil y el uso de opciones de acciones.

Aunque estas estrategias son de naturaleza muy básica, son suficientes para que cualquiera pueda empezar. Una vez que se dominan, hay una plétora de estrategias y filosofías en otros libros o en Internet que puedes explorar. Hay suficiente literatura por ahí para pasar toda una vida aprendiendo sobre el comercio.

Capítulo 6: Edad de cobertura del seguro

El seguro médico puede ser el tipo de seguro más importante, ya que tu salud es lo que te permite trabajar y disfrutar de la vida. Una simple factura de un hospicio puede llegar a un montón de dólares de regulación. No vale la pena arriesgarse a caer en la ruina financiera mientras intentas ahorrar unos cuantos dólares en las primas del seguro médico. Muchos estudios muestran que las facturas médicas son la mayor razón de la bancarrota personal. La mayoría de estas situaciones se deben a una cobertura de seguro médico inadecuada o inexistente.

Además, con la transición de la Ley de Cuidado de Salud Asequible de los Estados Unidos, la industria de la salud está pasando por un cambio masivo, haciéndola inicialmente más compleja. Afortunadamente, requiere que todos tengan seguro médico; el gobierno de los EE.UU. entiende lo caro que puede ser no tener seguro médico. Desafortunadamente, el Affordable Care Act pone la carga financiera en las compañías de seguros. Además, los estilos de vida saludables, las condiciones preexistentes y los estilos de vida no saludables están ahora en el mismo plan, aumentando aún más los costos a corto plazo.

La mayoría de los países desarrollados cuentan con un sistema de salud universal, de un solo pagador, que generalmente cubre a todos y la mayoría de las situaciones. Si bien el seguro universal tiene tus defectos, estos países han demostrado que es más simple, más justo y menos costoso que el sistema de salud de los Estados Unidos.

Como se mencionó anteriormente, el seguro a través de tu empleador es generalmente el más barato. Si está entre dos trabajos, a menudo puede obtener un plan de cobertura individual a corto plazo o extender la cobertura con tu empleador anterior. Si eres menor de 26 años, puedes continuar con el seguro del plan de tus padres. Si estás casado, es posible que puedas recibir cobertura bajo el plan de tu cónyuge. Si tu empleador no ofrece seguro médico o eres un trabajador autónomo, aún lo necesitas.

Tipos de planes de seguro médico
Hay muchos tipos diferentes de planes para elegir, pero es importante entender tus opciones para cada plan y elegir el plan con opciones/deducibles que se ajusten a tu presupuesto/situación. Algunas preguntas que tu plan de salud debe responder son: quién es tu médico, si el plan incluye atención dental, cuidado de la vista, recetas y opciones de pedido por correo, etc. Algunas personas se saltan los servicios dentales y de la vista porque no se ajustan a tu presupuesto, o tienen menos necesidades de estos artículos.

Seguro de vida
El seguro de vida cubre los costos asociados con tu muerte. Por muy sombrío que sea pensar en esto, la vida tiene valor. Por lo tanto, es necesario tener! La mayor razón para tener un seguro de vida que asegure la provisión está ahí para aquellos que dejas atrás.
Esto es extremadamente importante si tienes una familia que depende de tu salario. La muerte puede causar una brecha en los ingresos de tu familia, lo

que puede llevar a problemas financieros. El duelo ya es bastante duro; tratar con los problemas financieros asociados a la muerte puede hacer las cosas aún más difíciles.

El seguro de vida debe usarse para cubrir los gastos funerarios, los pagos de la hipoteca, los préstamos, las tarjetas de crédito, los impuestos, los gastos de manutención, la universidad de los hijos y dar a tu familia un colchón financiero mientras se recupera. La cantidad estándar de una póliza de seguro de vida debe cubrir diez veces tus ingresos anuales. Un buen agente de seguros de vida (aunque sea un vendedor) puede ayudar a determinar tu verdadera necesidad y qué tipo de seguro de vida te conviene más.

Tipos de seguro de vida
Hay dos tipos básicos de seguro de vida: entero y a término. La vida a término es la póliza más común que te da cobertura por un número determinado de años a una prima relativamente barata. La vida entera es una póliza que nunca expira, tiene un componente de inversión de valor en efectivo, pero es mucho más cara que la de plazo. Tanto el término como el conjunto pueden tener primas fijas o variables, siendo la opción fija la más común.

Al final de la póliza de vida a término (normalmente 20 años), puede comprar otra póliza, pero con una prima mucho más alta que la prima original debido a tu edad. Esto puede resultar muy caro más adelante en la vida, hasta el punto de que puede no ser asequible (pero también puede no ser necesario). El término es similar al seguro de automóvil en el sentido de que esperas no usarlo nunca, lo que significa que los pagos de las primas son esencialmente dinero "desperdiciado".

Las primas para toda la vida pueden ser unas diez veces más caras que el plazo, pero nunca aumentan y normalmente terminan a los 65 años. El valor en efectivo y la cantidad del seguro de vida seguirán aumentando y se pagarán cuando mueras, no importa la edad que tengas.

Término o totalidad

La vida entera se compra mejor más joven ya que los pagos de las primas son menores y se mantienen encerrados hasta los 65 años. El término es la opción más barata para cubrir todas las necesidades inmediatas del seguro.

Muchos estudios han demostrado que los seguros de vida entera pueden ser un desperdicio de dinero, y la gente estaría mejor si comprara el plazo e invirtiera la diferencia. La idea es que en lugar de comprar una vida entera, compre una póliza de vida a término e invierta el dinero que habría gastado en una vida entera en una cuenta de retiro. Desafortunadamente, esto puede ser engañoso ya que la gente generalmente no tiene la disciplina para invertir realmente lo que se hubiera gastado en toda la vida.

La vida entera también tiene un componente de inversión de valor en efectivo que puede darle una buena y consistente tasa de retorno y puede ser visto como un plan de ahorro forzado. En cuanto al valor en efectivo, puede pedir prestado contra él, cancelar la póliza y cobrarla, o anualizarla en el momento de la jubilación, conservando la mayor parte, o parte, del beneficio por fallecimiento.

Tener una línea base de seguro de vida entera, que crece con el tiempo, y complementar los gastos necesarios restantes con la vida a término parece ser la mejor manera de manejar un presupuesto y maximizar el beneficio del seguro de vida.

Asequibilidad y legado
Al igual que el seguro médico, la opción más asequible para el seguro de vida a término es generalmente tu empleador. Sólo puedes obtener una cierta cantidad, y la cobertura suele desaparecer si dejas o cambias de trabajo.

Para una cobertura adicional o para toda la vida, busque un agente de una compañía de seguros y discuta tus planes y opciones. Investigue la estabilidad de las compañías de seguros, tu tasa de retorno del valor en efectivo, y el costo de ambos tipos de seguros. Una vez más, encuentre una combinación de seguro completo y a plazo que se ajuste a tu presupuesto y que al mismo tiempo tenga suficiente cobertura para las necesidades de tu familia.

Tal vez uno de los mejores beneficios que ofrece el seguro de vida es el concepto de legado. Si ha pagado tu deuda con las técnicas descritas en este libro, tus beneficiarios probablemente no necesitan una tonelada de dinero, así que ¿por qué seguir pagando millones de dólares en beneficios de seguro de vida?

Los ingresos del seguro de vida no tienen que ir únicamente a tu familia; también pueden ser utilizados para apoyar una caridad que amas. La donación de tu beneficio por fallecimiento puede ayudar a disminuir la pobreza o dar comida a los necesitados. Sería una consecuencia clara de tu muerte que cientos de personas puedan permitirse vivir una vida mejor. Tu donación puede ser suficiente para construir un nuevo edificio o empezar una beca para tu universidad. Hay probablemente un millón de formas que puedes pensar para dejar un legado, y el seguro de vida puede ayudar.

Después de obtener la cobertura del seguro de vida, es muy importante tener un testamento vital para que tus beneficiarios tengan un plan para ese dinero. Esto también puede ayudar a evitar largos problemas legales en el tribunal testamentario. Hay muchos programas/documentos baratos o gratuitos de testamento/estado por ahí que sólo tardan unos minutos en completarse.

Las últimas cuatro partes
Seguro de discapacidad y de cuidados a largo plazo
El seguro médico generalmente paga la atención más inmediata y las estancias en el hospital; sin embargo, no reemplaza los ingresos perdidos por estar en el hospital, ni cubre los costos de un hogar de ancianos. Las pólizas de discapacidad y de cuidados a largo plazo están diseñadas para reemplazar tus ingresos y cubrir los gastos diarios asociados con tu discapacidad a largo plazo.

El seguro de discapacidad suele garantizar el 50-60% de tus ingresos actuales si no puede trabajar durante un largo período. Aunque no cubre todos tus ingresos, puede ayudar a cubrir los gastos si se enfrenta a una enfermedad o lesión devastadora. Nadie quiere quedar discapacitado, pero cualquier tipo de accidente puede causar una discapacidad, lo que hace que este seguro sea tan vital para el futuro financiero de uno.

El seguro de cuidados a largo plazo cubre la mayoría de los costos asociados con las instalaciones de estadía prolongada (como los asilos de ancianos) y otras visitas a domicilio o asistentes de vivienda. Esto cubre enfermedades como el Parkinson y el Alzheimer, que afectan a un número significativo de personas. Desafortunadamente, el cuidado a largo plazo es generalmente difícil de comprar para menores de 45 años.

Incluso las personas con un gran seguro médico y un buen nido de ahorros nunca están completamente preparadas para el momento en que no pueden trabajar durante semanas, meses, o incluso nunca más. Normalmente, cuando se produce una discapacidad, tus gastos aumentan adaptándose a tu nueva condición y estilo de vida. Esto puede incluir visitas médicas, alterar tu casa y tu coche, etc. Estos gastos serán más altos que tus gastos mensuales regulares antes de tu discapacidad, pero el 60% de tus ingresos es mucho mejor que el 0%.

Muchos empleadores ofrecen cobertura por discapacidad a corto y largo plazo como parte de tu paquete de beneficios, lo que sería la mejor opción para asegurar una cobertura por discapacidad asequible. Si tu presupuesto se lo permite, busque un agente de seguros para obtener una discapacidad suplementaria con el fin de cubrir hasta el 90% de tus ingresos actuales. Si no estás empleado o tu empleador no ofrece un seguro de discapacidad, busque una aseguradora para cubrir la base del 60% de tus ingresos y tal vez una aseguradora secundaria para la cobertura adicional. El costo del seguro de discapacidad, como en la mayoría de los seguros, se basa en muchos factores, incluyendo la edad, el estilo de vida, la salud y los antecedentes familiares.

Seguro de propiedad y de automóvil
El seguro de propiedad y de auto es normalmente obligatorio cuando se es propietario de una casa o un vehículo. Si pide dinero prestado al banco para financiar estas compras, el banco te exigirá un seguro para proteger tu préstamo. Dado que una casa es uno de los activos más grandes que una persona puede poseer, es vital protegerla adecuadamente contra el robo, el fuego o los desastres climáticos. Además de la casa física, el seguro de propietario puede cubrir las posesiones materiales de la casa, como la televisión, las joyas, etc.

Asimismo, el seguro de automóvil cubre los problemas relacionados con la colisión, los daños a la propiedad, las lesiones personales y los costes de responsabilidad civil asociados a los accidentes de automóvil. Un vehículo es una máquina pesada de alta velocidad que puede perder el control y causar una carnicería masiva y/o la muerte si se produce un error.
La razón más común para tener un seguro de auto es cubrir el reemplazo de un bien caro. Si ocurre un accidente y no tienes seguro de auto, la única manera de reemplazar tu vehículo sería comprando

uno de tus ahorros. No hay razón para agotar tus ahorros cuando el seguro de auto podría cubrir estos costos. Si tu, un pasajero u otro conductor resulta herido en un accidente, tu seguro de auto también pagará la mayoría o todos los gastos médicos. También te ayudará a protegerse contra cualquier litigio que pueda resultar del accidente. Por último, el seguro de auto protege tu vehículo contra el robo, el vandalismo o los desastres naturales, como los incidentes relacionados con el clima.

Seguro de alquiler
Si alquilas en lugar de hacerlo por tu cuenta, una póliza de seguro de alquiler es igual de importante. Tus cosas en el apartamento, o casa, pueden sumar una cantidad significativa de dinero. En algunos casos, puede que tenga que incluir en la póliza los gastos de un hotel o de un traslado temporal. El seguro de alquiler suele costar unos 20 dólares al mes.

Desde la crisis financiera de 2007, los precios de las propiedades han disminuido, mientras que los alquileres han aumentado. Esto ha creado algunas situaciones interesantes en las que ser propietario puede ser más barato que alquilar. El "Sueño Americano" es generalmente ser propietario, pero la paradoja es que uno suele alquilar primero para ahorrar. En la economía actual, es más fácil ahorrar dinero después de ser propietario de un condominio barato en lugar de alquilar un apartamento similar.

Consejos del seguro
1. Investigue qué **nivel de seguro** tiene para cada tipo de cobertura y averigüe qué cree que necesita. Es importante entender qué

cubre tu póliza y cuáles son los deducibles. El **seguro mínimo** que debe tener variará de una persona a otra y dependerá de tu situación financiera. Si tiene otros bienes o negocios grandes, es importante tener una cobertura significativamente mayor que la mínima para cubrir los posibles costos de un juicio.

2. Una forma de disminuir el **pago de la prima** es aumentar el deducible de los gastos de bolsillo. Esto requerirá que tenga la cantidad deducible ahorrada en caso de un accidente. También puede reducir tus primas si aclara los malos antecedentes de conducción y tiene protección contra robos o buenos descuentos para estudiantes. A menudo, puede **combinar** tu seguro de auto y de casa para recibir un descuento en ambos.

3. La idea general detrás de los seguros es la **gestión del riesgo**. Esto significa que debe tratar de disminuir el riesgo de tu estilo de vida tanto como sea posible. Cuanto más sano y seguro sea tu estilo de vida, más baratas serán la mayoría de las primas de los seguros. ¡Comer más sano, hacer ejercicio, conducir coches más seguros o híbridos, obedecer las leyes y, en general, ser consciente de la seguridad puede tener un gran impacto en tu bienestar y en tu cuenta bancaria!

Capítulo 7: Planificación de la jubilación

Aunque haya ahorrado diligentemente para tu jubilación durante años, puede temer las dificultades financieras de la atención médica en la jubilación. Recuerde, sin embargo, que todavía hay mucho que puede hacer en los próximos cinco años para ahorrar dinero en los costos de la atención médica durante la jubilación. Puede empezar a ahorrar dinero en una cuenta de ahorro para la salud o en una cuenta IRA Roth.

Abraham Maslow reconoció la seguridad como una necesidad humana fundamental y la colocó en el segundo nivel de la jerarquía de necesidades. La seguridad en la jubilación implica factores financieros y psicológicos para asegurar que un individuo se sienta seguro en la planificación y la experiencia final de la jubilación. El principal factor en el que nos centraremos aquí es el financiero, que, cuando se logra, también permite a un individuo satisfacer las necesidades de seguridad psicológica.

La seguridad financiera después de la jubilación requiere que alguien planifique y ponga en práctica tus ideas diligentemente antes de la jubilación. Implica ahorrar o invertir dinero para asegurar que un individuo tenga algo de lo que vivir después de que tu trabajo termine finalmente en la vejez.

La inversión es una de las mejores formas de preparar la seguridad de la jubilación, ya que busca proporcionar a una persona un beneficio en el futuro. Aquí, vamos a ver el tipo de mentalidad que un individuo debe tener cuando invierte para tu jubilación. También veremos lo que significa el ingreso pasivo, así como los tipos de inversiones que un individuo puede tener en él.

Seguridad en la jubilación

La seguridad de la jubilación es el grado o nivel en que una persona puede proporcionar cómodamente un nivel de vida previo a la jubilación después de ésta. Esa persona debe vivir cómodamente antes de jubilarse mientras hace los preparativos financieros y psicológicos para tu vida después de la jubilación. La seguridad de la jubilación implica dos aspectos: la seguridad financiera y la seguridad psicológica. La seguridad financiera se refiere al dinero que un individuo ahorra o invierte para gastarlo en tu jubilación.

La seguridad psicológica se refiere a la necesidad de sentir que un individuo pertenece a la sociedad y que la vida seguirá teniendo sentido incluso después de salir de la fuerza de trabajo. Una persona combina estos dos aspectos para lograr la seguridad de la jubilación. Te permite sentirse seguro, sabiendo que tu vida seguirá siendo significativa a medida que crezca.

La mentalidad sobre la inversión para la jubilación

La inversión para la jubilación implica utilizar el dinero en el presente para proporcionar ingresos en el futuro en el período posterior al empleo. Hay varias mentalidades que una persona debe tener cuando se trata de inversiones para tu jubilación. Estos enfoques ofrecen a la persona unas pautas que sirven para gestionar los riesgos relacionados con las finanzas y te permiten tomar las mejores decisiones posibles. Estas mentalidades incluyen

- **Actitud conservadora**

Un individuo debe ser más modesto en lo que elige para invertir, junto con la cantidad de inversión que está dispuesto a hacer. Los inversores de mayor edad están cerca de jubilarse y por lo tanto invierten en acciones menos arriesgadas que pagan mayores dividendos pero son menos volátiles. Una persona también podría utilizar fondos mutuos centrados en esos valores en lugar de obtener acciones individuales. Además, los inversores, en lo que respecta a las acciones, deberían aplicar siempre la regla de obtener activos que pesen lo mismo que el número que se obtiene al restar tu edad de un centenar. Así pues, cuanto mayor es una persona, menor es el porcentaje de acciones que posee, lo que, a tu vez, reduce al mínimo los riesgos que conlleva, al tiempo que te permite obtener ganancias de la inversión.

- **Mente cautelosa**

Un individuo debe ser cuidadoso en cualquier inversión que haga. Un individuo debe llevar a cabo una extensa investigación en relación con el artículo o área en la que quiere invertir. Por ejemplo, debe investigar y elegir la cuenta más adecuada para invertir en una cuenta de alto interés. Esa persona debe conocer y comprender plenamente los diversos conceptos de las inversiones, como las anualidades, y lo que éstas entrañan, antes de adquirir una anualidad. Estas personas deben conocer los diferentes elementos de esta inversión y elegir los que mejor satisfagan tus necesidades antes de obtener un contrato de anualidad.

Un inversor cauteloso debe informarse sobre los productos volátiles, como los bonos, para saber si será una buena o mala inversión. También debe ser cuidadoso con tus gastos: en eso, siempre debe guardar una cierta cantidad de dinero en efectivo sin cubrir. Este ahorro proporciona seguridad en el sentido de que una persona seguirá teniendo dinero aunque pierda otras inversiones en la economía y en los mercados de valores. Una mentalidad cautelosa requiere que un inversor esté familiarizado con todo lo relacionado con la financiación.

- **Tomar riesgos**

Una persona también debe tener una mentalidad de riesgo, que aplica cuando tiene muchos ingresos. Alguien que tiene muchos ingresos puede invertir una parte considerable de ellos, lo que te lleva a asumir más riesgos. Si tienen éxito, estas inversiones permiten al individuo crecer y obtener más ingresos, que satisfarán tus necesidades en la jubilación e incluso se extenderán a otros beneficiarios de tu entorno. Un individuo debe asumir estos riesgos después de considerarlos cuidadosamente.

- **Ser simple**

Una persona debe reequilibrar tu cartera cambiando gradualmente a una más conservadora a medida que envejece. Esa persona también debería reducir los riesgos centrándose en unos pocos fondos separados para la diversificación. Requiere unos costos mínimos de gestión y protege al inversor de las lagunas que pueden provocar pérdidas importantes en el proceso de inversión. También debe aplicar la sencillez al asumir riesgos, ya que esto te permitirá tomar las decisiones más precisas de la manera más eficiente y comprensible.

¿Ingresos e inversiones pasivas?
Los ingresos pasivos se refieren a la situación en que las personas reciben ingresos regulares después de que el trabajo ha terminado. La gente aquí no participa activamente en el trabajo y en tu lugar utiliza un esfuerzo mínimo o nulo para ganar dinero. Sin embargo, es esencial tener en cuenta que un individuo debe emplear mucha energía, tiempo y dinero al principio antes de que tu inversión pueda finalmente generar ingresos pasivos.

La inversión es un proceso mediante el cual una persona produce ingresos futuros. Estas personas utilizan el dinero para comprar un activo, iniciar o desarrollar un proyecto que aumente el valor de tu dinero y les permita obtener ingresos en el futuro. A continuación se indican algunas de las esferas en las que una persona puede invertir y obtener ingresos pasivos, lo que, a su vez, dará lugar a una situación que se describiría como "Ganar dinero mientras se duerme".

La jubilación es un hecho eventual para todo individuo que trabaja actualmente en una empresa u organización donde no es el jefe. Para la mayoría de las personas, los primeros años de empleo se caracterizan por la capacidad de mantener dos o más puestos de trabajo o de hacer horas extras en trabajos muy exigentes, en un intento de ganar más dinero y vivir una vida cómoda.

Podrías ser una de esas personas que trabajan tan duro esperando el día en que finalmente puedas colgar tus botas y relajarte. Probablemente te imaginas al final de tus años productivos, habiéndote establecido y disfrutado de una vida serena con tu pareja a tu lado. Probablemente ha soñado con esos años, con cómo los disfrutará sin el estrés o las ansiedades del trabajo. Si todo va bien, entonces el ajetreo en el que se encuentra actualmente se habrá acabado, y el estilo de vida de la carrera de ratas que vive ahora no será más que un recuerdo.

Sin embargo, la jubilación no significa que tus gastos de vida desaparezcan milagrosamente junto con tus ansiedades. Para mantener el nivel de vida con el que sueña y tener una calidad de vida decente durante tu jubilación, necesitará una fuente de ingresos fiable.

Además, en la jubilación, habrás envejecido, y esto significa que muchas cosas cambiarán física y mentalmente. El hecho de haber envejecido significará que será propenso a infecciones, lesiones traumáticas y otras dolencias geriátricas relacionadas con la edad avanzada. Tus cuentas médicas pueden terminar costando mucho más de lo que está gastando ahora porque, como ciudadano de edad avanzada, tu sistema inmunológico seguramente será un poco más débil. Esto significa que serás más propenso a enfermedades que serían inofensivas para ti hoy, o en general, cuando eras más joven.

Por lo tanto, como podría ser el caso, finalmente dejar el trabajo y entrar en la jubilación podría no significar necesariamente lo que se esperaba. Seguirá necesitando alimentarse bien, hacer ejercicio con moderación para mantener tus fuerzas, socializar para mantener tu bienestar mental y, lo que es muy importante, preservar la capacidad de cuidar tu rutina de higiene. Es con todas estas razones en mente que un joven y enérgico trabajador debe comenzar a prepararse mentalmente para la jubilación. Es crucial desarrollar la habilidad de invertir periódicamente una determinada fracción de tus ingresos pensando en tu futura jubilación porque nunca se sabe lo que el mañana le deparará.

Conclusión

Por último, necesitas tomarte un tiempo para revisar el presupuesto y hacer un seguimiento de tu progreso en el logro de tus objetivos. A través de la revisión y el seguimiento, puede determinar rápidamente si te estás desviando de tu plan y resolver cualquier problema que encuentre.

Seguir estos consejos prácticos y actuar te llevará a un mejor futuro financiero donde no sólo tendrás más dinero, sino que también te dará tranquilidad.

Gracias.

Me gustaría agradecerte de todo corazón por acompañarme en este viaje. Hay muchos libros por ahí, pero decidiste darle una oportunidad a este.

Si te gustó este libro, ¡entonces necesito tu ayuda!

Por favor, tómese un momento para dejar una reseña honesta de este libro. Esta reseña me da una buena comprensión de los tipos de libros y temas que los lectores quieren leer y también le dará a mi libro más visibilidad.

Dejar una revisión toma menos de un minuto y es muy apreciado.

Printed in the USA
CPSIA information can be obtained
at www.ICGtesting.com
LVHW010821100624
782767LV00001B/201